Zensho W. Kopp
La vida verdadera mediante el ZEN

Traducción © 2016 Zensho W. Kopp por Ignacio Vega

Título original: "Wahres Leben aus ZEN", publicado por
EchnAton Verlag, Diana Schulz e.K 2015

Producción y publicación:
BoD – Books on Demand, Norderstedt
Cubierta y diseño: Jörg Zimmermann
Foto: Verena Kopp
Maquetación: Torsten Zander
Todos los derechos reservados.

Visítenos en https://www.tao-chan.org/es/

ISBN: 9-783744-894036

Zensho W. Kopp

# La vida verdadera mediante el ZEN

## Auto-realización espiritual en la vida diaria

Este libro es la versión ampliada de los audiolibros del mismo nombre, publicados por la editorial de audiolibros steinbach. Muchos oyentes han expresado su deseo de poder leer este texto en formato de libro, para desgranar con mayor claridad su profunda sabiduría.

Este deseo ha conducido a publicar el texto también en formato libro, junto a la "Introducción al camino del Zen holístico" del Maestro Zen Zensho.

# Contenido

禅

Tao Chan

La acción y el sosiego de quienes han dominado el Zen son como nubes en movimiento, sin conciencia del yo. Como la luna llena, reflejada en todas partes. Quienes han alcanzado la maestría en el Zen no pueden ser detenidos por nada; en medio de todo permanecen libres de todo.

Maestro Zen Hongzhi (12DC.)

# Prefacio

Estamos viviendo un momento en el que más y más personas tratan de combinar una vida espiritual y activa. Buscan un camino actual y holístico de realización espiritual que les permita estar en medio de la vida cotidiana, en el mundo moderno de hoy en día.

El deseo cada vez mayor de llevar una vida significativa es el objeto de este libro único, que difiere de las publicaciones habituales sobre este tema escritas, en general, por autores occidentales que carecen de una auténtica comprensión de la profunda verdad del Zen.

Por el contrario, en este libro nos encontramos con la obra de un maestro Zen de nuestro tiempo que bebe, por así decirlo "directamente de la fuente del Zen". De este hecho deriva el valor especial de este libro, que puede cambiar nuestras vidas.

Las instrucciones prácticas para la experiencia del Zen en la vida diaria del Maestro Zen Zensho hacen de este volumen una guía clara que acompaña con seguridad a la persona occidental moderna. De manera realista y con la mayor claridad, el Maestro Zen Zensho nos muestra qué quiere decir esta práctica Zen y cómo nos conduce a la paz interior, nos muestra una más profunda sabiduría y nos ofrece una vida con sentido.

Contemporáneo y fácil de entender, nos indica, basándose en su experiencia personal, el camino del Zen holístico. Es el camino a la vida perceptiva, llena de conciencia, para que podamos ser completamente libres en todo momento, y hacernos uno con las diversas situaciones de la vida cotidiana. Según Zensho:

Como maestros de todas las situaciones, en medio de todo permanecemos completamente libres de todo. Así podemos ir más allá de todas las circunstancias que nos limitan y alcanzar la esencia aún en medio de las situaciones mundanas.

De esta manera experimentamos cómo podemos obtener claridad y felicidad en la vida cotidiana, y descubrimos el verdadero papel de nuestra práctica. Alcanzamos así una grandísima libertad, experimentamos lo precioso de cada momento con todo nuestro ser, y vivimos en el mundo con una conciencia presente y una activa participación, formando parte de una sola realidad. Este libro se beneficia enormemente de la detallada "Introducción al camino del Zen holístico" de Zensho, que transmite al lector con gran claridad un resumen compacto de la trayectoria de Zen activo en medio del mundo.

Otro de los beneficios de este excepcional libro son las muchas citas de antiguos maestros Zen chinos, cuyos proverbios misteriosos permanecen a menudo más allá del alcance de la comprensión intelectual.

Sin embargo, las explicaciones iluminadoras de Zensho nos ofrecen valiosas claves para alcanzar una mayor comprensión. Sin estas, extremadamente útiles, explicaciones de un Maestro Zen que extrae sabiduría de la misma conciencia iluminada que los antiguos maestros Zen chinos, el significado profundo de muchos de estos proverbios permanecería oculto para nosotros.

La manera clara y sencilla de enseñar de Zensho es, junto a su genial buen humor, son una mezcla estimulante de humor refrescante y seriedad.

Así sentimos nosotros este muy animado libro, que respira la mente del Zen, la presencia inmediata y realización de uno de los maestros de sabiduría más importantes de nuestro tiempo. Realiza su mediación espiritual de manera directa y original, y es por eso único e inconfundible.

El libro "La vida verdadera mediante el ZEN" nos muestra una manera de ir más allá de los confines de nuestras

limitaciones, que son de creación propia. Y si nos permitimos llegar a lo más profundo de su sabiduría, haremos que nuestra vida tenga más significado y sea más rica.

El libro nos muestra que no es necesario buscar la verdadera felicidad, esa que todos perseguimos desde hace tanto tiempo, ya que se encuentra presente dentro de nosotros mismos, aquí y ahora. Solo tenemos que aceptarla.

Octubre de 2015     Centro Zen Tao Chan, Wiesbaden

# Introducción al camino Zen global

## El inefable misterio de la eternidad

El Zen es el camino de la comprensión instantánea de la realidad. Deja de lado todas las especulaciones filosóficas acerca de una verdad indecible para referirse directamente y sin dudas a lo esencial.

Esta esencia es la iluminación de la mente y, por lo tanto, la liberación de nuestra servidumbre al ciclo de nacimiento y muerte. El Zen busca principalmente que despertemos a la realidad de nuestro Verdadero Ser, que no comienza con el nacimiento ni termina con la muerte.

Esta es nuestra verdadera naturaleza, la base que cimienta todas nuestras experiencias. Como la fuente primaria de toda la existencia pura, es el Ser Puro, conciencia absoluta y felicidad sin límites. Esta realidad no es algo que debamos buscar, puesto que está presente en nuestra propia Esencia Verdadera, que no hemos perdido. Se revela "Aquí-y-Ahora", no hace falta esperar a ninguna otra oportunidad. Por eso se dice en el Zen:

¿Dónde hay que buscar el buey, si uno ya está sentado en el buey, el mismo que se está buscando?

Seguir el camino del Zen significa que nos ocupamos en esta realidad de nuestro Verdadero Ser "aquí y ahora" en su totalidad. ¿Pero cuál es la auténtica Verdad del Zen? El Maestro Zen chino Yung Chia (siglo octavo) responde a esta pregunta diciendo:

Todo lo que podría decir al respecto sería perder el punto.

En otras palabras: la Verdad Absoluta no se puede afirmar con palabras, porque el lenguaje humano es muy limitado. Es por esto que cualquiera que intente describir la verdad profunda del Zen con nuestro limitado lenguaje, emprenderá una tarea completamente inútil. Y cuanto más estemos convencidos de la plenitud de la esencia divina, menos capaces seremos de usar el lenguaje para expresar con palabras el inefable misterio de lo eterno.

Añádase a esto que cualquier noción que tenemos sobre la verdad más elevada es solo una idea, muy alejada de la Realidad. Cuanto más nos aferremos a esta idea, más se muestra como gran obstáculo en nuestro camino a la Realización. Por lo tanto, el Maestro Zen chino Lin-chi (noveno siglo), uno de los más grandes maestros de la historia del Zen, dice:

Si te encuentras con Buda, ¡mátalo!

# Conocimiento directo

Quien quiera saber la verdad del Zen tiene que ponerse en contacto directo con ella y no debe permitir que conceptos e ideas lo separen de la realidad.

Después de todo, el Zen es el camino del conocimiento directo. Siendo esto así, ¿qué oportunidad tenemos para conocer la verdad del Zen?

El antiguo Maestro Zen chino aquí nos da un consejo bien intencionado: "Deja de buscar". En las palabras del Maestro Zen chino Huang-po del noveno siglo, uno de los grandes gigantes de Zen:

Si deseas lograr la realización en el camino del Zen,

no necesitas estudiar ninguna enseñanza. Solo tienes que aprender a no buscar y no aferrarte a las cosas. Donde nada se busca, la mente por nacer se revela. Donde no hay voluntad de aferrar, la mente indestructible está presente.

El Maestro Zen Huang-po nos reta con este consejo tan bien intencionado a abandonar nuestra búsqueda de la verdad y volver al momento presente. Esto significa retornar a nuestro Verdadero Ser, que se revela ahora y aquí, en este momento, en toda su gloria.

Sin embargo, en nuestra identificación con el falso ego, nuestro "yo-engaño" cubrimos constantemente la realidad de nuestro Verdadero Ser con las nubes oscuras de nuestra ceguera espiritual. En nuestra identificación con el falso sentido de la individualidad, creamos el mundo experimentando también todo su dolor y sufrimiento, y nos enredamos cada vez más en el ciclo de nacimiento y muerte.

En nuestra búsqueda de alivio de este enredo en el sufrimiento, surge en nosotros la cuestión del significado de toda la existencia, y comenzamos a buscar una respuesta externamente. Pero buscar la verdad en lo exterior, como si fuera la realidad de nuestros Verdaderos Seres, y verlo como algo independiente a nosotros mismos, corresponde a la mentalidad dualista de la comprensión intelectual. Como ya estamos en medio de esta verdad y vivimos según ella, no es posible vivir separados o diferenciados de ella. Nuestra verdadera naturaleza ya es perfecta y siempre lo ha sido. En el Zazen Wasan, "Canto de Zazen", uno de los escritos esenciales del Zen, la maestra japonesa Zen Hakuin (siglo decimoctavo) dice:

Somos desde el principio Buda. Del mismo modo que no hay hielo sin agua, no hay pueblo sin Buda. A pesar de que llevan la verdad siempre en sí mismas, las personas no se dan cuenta de ello y buscan siempre en la distancia. Sufren de sed y no ven la fuente que está a su lado. Viven en la pobreza y se olvidan de que son herederas de un inmenso tesoro. Decís que estáis sufriendo. Pero sufrís solo porque sois ignorantes. ¡Despertad de vuestro sueño, y así los errores del pasado no os atormentarán por más tiempo! ¿Dónde está el infierno? Lo habéis dejado en el sueño de ayer. ¿Dónde está el paraíso? Ya estáis en medio de él.

Ya estamos en el medio de la totalidad de ser, que todo lo abarca. La realidad absoluta está siempre presente cuando nosotros estamos presentes. Porque el Zen se interesa solo por lo que sucede en este instante "Ahora-Aquí". Más allá de este momento, nada existe, puesto que el pasado ya sucedió y ya no es, y el futuro es solo un pensamiento.

# El momento presente de Ahora

La única realidad que existe es el "Ahora". Más allá no hay nada. En consecuencia, la única manera de experimentar nuestra verdadera naturaleza es sumergirnos en el momento presente y participar en él por completo.

Si estamos completamente presentes -realmente aquí- entonces, todo está aquí. En este estado de pura conciencia, experimentamos nuestra propia esencia con tal intensidad y alegría interior que nuestra vida cambia. Después, vivimos el milagro de la vida dentro de nosotros mismos y fuera de nosotros mismos, en cualquier lugar y en todo momento. Porque el secreto del Ser está en nosotros. Todo fluye desde nuestro propio corazón.

En este momento, exactamente en este lugar, la abundancia de la Esencia Divina se manifiesta evidentemente como la verdad del Zen, Ahora-Aquí. No es un objetivo a alcanzar con el tiempo, sino una cuestión pura de conocimiento. Porque si la realidad absoluta es la plenitud que todo lo abarca del Ser, incluye un espacio ilimitado y los tres tiempos el pasado, el presente y el futuro en un solo "Ahora". En ese punto, todo confluye en un mismo tiempo conjunto. Vi-viendo la presencia inmediata y absoluta del Ahora, se experimenta la multidimensionalidad de la realidad ilimitada de la Mente Única. En las palabras del Maestro Zen chino Yuan-wu (duodécimo siglo):

Si una partícula de polvo se levanta, contiene toda la tierra. Florece una flor, el mundo entero salta hacia arriba.

En la conciencia instantánea del Ahora entramos en la espacio-intemporalidad del Ser Puro, y reconocemos que el momento presente es infinito. Como el ahora no tiene pasado ni futuro, sino que es como al inicio, es un Ser Puro sin fin, la propia eternidad. Por esto, la experiencia del espacio-tiempo no es nada más que la consecuencia de una conciencia perceptiva condicionada, y por lo tanto, una ilusión.

Pasado, presente y futuro no son más que pensamientos que aparecen en el momento presente en la mente y adoptan la forma de un universo completo. Todo es solo el juego de la creatividad natural de la mente, en la que y por la cual aparecen todas las cosas, como en un sueño.

La experiencia de un mundo externo de fenómenos espacio-temporales no es, por lo tanto, nada más que el fruto del pensamiento. Pero el Zen dice "todo pensamiento es creencia errónea". De ello debemos concluir: el tiempo y el espacio no existen. Esto significa que nuestra prisión en el ciclo de nacimiento y muerte no es nada más que una ilusión, un sueño sin ninguna realidad.

El camino del Zen hace que veamos, a través de la realización de la sabiduría trascendente, el carácter engañoso de todos los fenómenos, y despertemos a la realidad de la Mente Única, por encima del tiempo y el espacio. En este despertar experimentamos la gran Liberación. La luz de la Mente Única brilla, y sabemos en un instante que todo es como es: Tathata, la realidad existencial de la Mente Única.

Esta Mente Única, al margen de la cual nada más existe, es nuestro Ser original y la fuente de toda felicidad. Porque no hay mayor felicidad que el reconocimiento de nuestro

Verdadero Ser. Es nuestra verdadera naturaleza, que no comienza con el nacimiento ni termina con la muerte, y se muestra a sí misma como la realidad "Ahora-Aquí".

Con esta conciencia de claridad de la mente sin distinciones, nos experimentamos a nosotros mismos como uno con todos los seres, y sentimos una profunda reverencia y amor universal por todo lo que existe. Una vez que experimentamos esta pura conciencia, muchas de las cosas que antes eran importantes para nosotros en la vida pierden su sentido y se desprenden de nosotros. Reconocemos su irrealidad y futilidad, y nuestra motivación por ellas se disuelve, y nuestros sueños se desintegran.

## La ilusión del tiempo

Solo la Mente Única es real, el espacio y el tiempo no tienen verdadera existencia. Son solo condiciones mentales, por medio de las cuales el individuo percibe un supuesto mundo exterior, con su espacio y tiempo.

Estar libres de la ilusión del tiempo significa también estar libres del error de la identidad construida a partir de recuerdos trenzados con un pasado muerto. Estar libres de la ilusión del tiempo también significa no proyectar nuestro deseo de significado al futuro. Porque si nuestra mirada se dirige solo al futuro, con la esperanza constante de que a continuación se den circunstancias favorables que puedan cambiar nuestras vidas, estaremos entonces perdiendo de vivir la Vida Verdadera.

En nuestro deseo obsesivo de llegar a algún sitio y lograr algo, podemos olvidar el sentido real de la vida, que se revela ahora aquí en toda su belleza. Espiritualmente ciegos y sordos a la Realidad, no somos capaces de ver el milagro de la vida que se desarrolla en toda su plenitud a nuestro alrededor. Vivir en tal estado de indiferente inconsciencia,

en la ilusión de espacio y tiempo, y en la rutina sin sentido es "estar muertos espiritualmente". La mayoría de la gente en el mundo de hoy se encuentra constantemente huyendo del presente, impulsada por su rutina autónoma de obtener algo.

Están llenos de inquietud por dentro, propulsados por el mecanismo de proyección autónomo de su discriminativa forma de pensar y desear. Tienen siempre prisa, de modo que ya no pueden parar, y así se olvidan de vivir la vida real.

En su deseo por obtener prestigio, éxito y seguridad en la vida, sacrifican su salud para ganar dinero. A continuación, sacrifican su dinero para recuperar su salud. Todo el tiempo se sienten tan asediados por la preocupación y el miedo a un futuro incierto que no pueden disfrutar de la vida presente. Viven como si nunca fueran a morir, y mueren sin haber realmente vivido.

Pero el momento presente del absoluto Ahora es la vida real, que se revela aquí en su plenitud. Por eso en el camino del Zen es esencial que estemos totalmente sumergidos en en esta realidad Aquí y Ahora, con una conciencia mental cristalina. En todas partes, dondequiera que estemos, en todo momento y en todo lo que hagamos.

# Zen en la vida diaria

Demos a todas las actividades de nuestra vida diaria toda nuestra atención, a continuación, vivamos cada momento como una experiencia intensa. Puesto que nuestras vidas tienen tanto significado y profundidad como conciencia tenemos nosotros, solo a la luz de la conciencia pura se transforma todo en significativo y valioso. De esta manera trascendemos el mundo rutinario sin alienarnos de él o rechazarlo de ninguna manera. Así mantenemos nuestra estabilidad interna, incluso en medio de la más externas de las distracciones, sin perder nuestra conciencia espiritual. Por ello nos damos cuenta de que nuestro yo real está presente bajo la forma de la "Mente de cada día" en todas las circunstancias de la vida cotidiana y en todas las tareas habituales. Esta toma de conciencia de la Mente de cada día es la verdadera mente Zen. El Maestro Nansen dice:

La Mente de cada día es el camino verdadero. Cuando hagas realidad este camino, tu mente será tan amplia y abierta como el cielo, libre de todo obstáculo y limitación.

En esta conciencia clara y brillante de la visión cristalina no-distintiva, preservamos nuestra total independencia y estamos en sintonía con el espacio en donde estamos y con lo que hacemos.

No permitimos que las circunstancias externas nos alejen de nuestro camino, y no nos dejamos llevar a la confusión samsárica y la ceguera espiritual de una persona terrenal media. Somos completamente libres de ir y venir como deseamos, porque estamos más allá de toda discriminación dualista. Esta es la "La vida verdadera mediante el Zen". Viviendo en el mundo y estando, al mismo tiempo, libre del mundo, este es el activo camino Zen original. También el Maestro chino Zen Hongzhi (duodécimo siglo) nos lo dice:

Cuando la percepción de los objetos no te deslumbre, verás que todas las cosas son la luz de la mente. Con cada paso irás más allá de todo, completamente libre, sin que nada te detenga. Con gran claridad, la conciencia abierta, y sin restricciones, aceptas el mundo.

Aquí experimentamos la profunda verdad del Zen. Siempre está presente y se refleja en las cosas más ordinarias de la vida cotidiana. En beber una taza de té o al pelar una manzana se nos revela todo el misterio y la maravilla del Zen. Un viejo dicho Zen dice, al respecto:

¡Grandes obras y acciones maravillosas! Saco agua y llevo leña.

La conciencia Zen es una conciencia pura, brillante y clara en la que solo existe la inmediatez del momento presente y nada más. Sin embargo, esto solo está al alcance de quienes experimentan lo que sucede en cada momento. Por eso se dice en el Zen: "Captura el momento y estate ahora realmente aquí". En palabras del Maestro Zen Ma-Tzu (siglo octavo):

Si eres consciente de esta mente original y pura, obrarás de forma espontánea al vestirte, comer, y en todas las acciones de toda tu vida, aceptando las cosas cuando se presenten, y así desarrollarás tu naturaleza espiritual.

En la realización de esta conciencia, libre de todo pensamiento distintivo, estamos abiertos a experimentar la comprensión de nuestro Verdadero Ser. Cuando la mente se libera de sus limitaciones autoimpuestas, la Liberación se encuentra en todas partes. De hecho, "el Zen es una vida sin ataduras, una vida de libertad y es la libertad misma".

Rompamos, por tanto, nuestras cadenas del siempre aferrado pequeño ego que nosotros hemos creado, y el yo verdadero brillará en todo su esplendor, todo lo abarcará y todo lo penetrará todo. Nuestra naturaleza verdadera y original es completamente libre y sin la más mínima discriminación u oposición. Es la naturaleza omnipresente, pura, radiante de bienestar y se manifiesta como una misteriosa y serena alegría.

En esta toma de conciencia de la maravillosa claridad, cualquier dualidad de sujeto y objeto desaparece totalmente. Esto hace que toda la existencia y todos los seres manifiesten nuestra verdadera esencia, que penetra todo el universo. A través de esta libertadora vida verdadera mediante el ZEN, estamos en perfecta unidad con lo su-pra-mundano y abarcamos también la totalidad inclusiva de la plenitud del Ser.

Wiesbaden, Alemania, Verano de 2015          Zensho W. Kopp

# La Vida Verdadera Meditante el Zen

# La promesa maravillosa

La luz radiante de la mente, la realidad de nuestro Verdadero Ser, está siempre presente. Pero este, nuestro ser original, siempre está cubierto por las nubes oscuras de nuestros arraigados hábitos de pensamiento y nuestros patrones de comportamiento. Por ello no somos capaces de reconocer nuestra verdadera naturaleza y vagamos perdidos en el ciclo del nacimiento y la muerte.

El Maestro Zen chino Huang-po, del noveno siglo, nos muestra sin lugar a dudas cómo podemos liberarnos del proceso engañoso del velo de mentiras que nosotros mismos creamos:

> La Mente Única, fuente de todo, brilla eternamente con el esplendor de su propia perfección. Si abandonas finalmente todo pensamiento conceptual, la Mente Única se manifiesta como el sol ascendiendo en el vacío e iluminando el universo entero, sin obstáculos ni barreras.

Qué maravillosa promesa ofrecen las palabras del Maestro Zen Huang-po. Pero, ¿qué podemos hacer, y cuál es el camino que debemos tomar para experimentar nuestra verdadera realidad, permanentemente y en todas partes? Este camino para conocer nuestro ser original, en el sentido del Zen, no es otra cosa que "la Mente de cada día".

Esta es la increíblemente aleccionadora respuesta dada por el Maestro Zen chino Nansen en el siglo 8 a un monje Zen que se acercó a él y le preguntó:

"¿Cuál es el verdadero camino del Zen?"
Y Maestro Nansen respondió:
"La Mente de cada día es el camino verdadero".

En otras palabras, la realidad de nuestro Verdadero Ser Divino, que subyace a todo y se imbuye en todo, es omnipresente. Se manifiesta Ahora-Aquí, en todo lugar, en todo momento, y por lo tanto incluso en medio de nuestro trabajo más ordinario. Por ello, no necesitamos retirarnos del mundo con la esperanza de lograr la iluminación en la soledad de un bosque silencio o en un monasterio.

# La práctica del Zen en la vida real

Cada vez más personas en el mundo de hoy están buscando un camino espiritual que esté libre de dogmas religiosos y de filosofía sobre-intelectualizada. Están buscando un camino holístico que puedan poner en práctica con normalidad en su día a día.

El vibrante Zen original, tal y como lo vivían y enseñaban los antiguos maestros Zen chinos, permite convertir en lugar de práctica cualquier momento de nuestra vida, incluso mientras desarrollamos nuestras tareas diarias.

Es una práctica muy potente y realista que se eleva por encima de cualquier tipo de discriminación. Y puesto que la no discriminación es un elemento esencial del Zen, un verdadero hombre de Zen no ve ningún sentido a pasar su vida en un monasterio, renunciando al mundo.

Más bien se dará cuenta de que debe alcanzar la visión clara no discriminante de la mente en medio del multitudinario mundo de la dualidad. Esa es la verdadera práctica del Zen: seguir el camino de la Liberación en medio de un mundo de avaricia, rechazo y ceguera espiritual. En palabras del Maestro Zen chino Yuan-wu (duodécimo siglo):

No abandones la actividad en el mundo para conseguir plena conciencia de la mente sin esfuerzo. Debes saber que la actividad mundana y la plena conciencia sin esfuerzo de la mente no son dos realidades diferentes; solo cuando piensas en rechazar o aferrarte a algo, las divides en dos. Si eres capaz de estar presente en ti mismo durante el ajetreo de la vida cotidiana, y puedes actuar en consecuencia, permaneciendo vacío y tranquilo, entonces estás vivo, no importa dónde te encuentres.

Solo quien haya comprendido la esencia, puede estar vacío en el interior y en concordia con el mundo externo.

# 2

# Actuando conforme el Tao

# Auto-conciencia no-intencionada

Zen es el camino más allá de toda discriminación, porque es libre como los pájaros en el cielo y los peces en el agua. Pero la vida está llena de situaciones en las que es necesario pensar, distinguir y actuar deliberadamente. En esos casos, debemos considerar con cuidado qué decisión es la correcta y, por consiguiente, qué método de acción es el más adecuado. Es muy importante que conservemos una visión mental clara, sin proyectar ni discriminar. Esto se hace alcanzando la Autoconciencia libre de intenciones. Desde este punto de vista no identificante y claro, podemos ver las cosas tal y como son. Después, cuando actuamos, permanecemos en esta conciencia mental y en armónico unísono con el cielo y la tierra.

La auténtica naturaleza de nuestra mente es pura, luminosa y autoconsciente. Sin embargo, la Autoconciencia no es una función de nuestra percepción sino la "pura percepción misma". Cuando alcanzamos esta conciencia diáfana, todo nuestro ser se transforma. En todas nuestras actividades tendremos la maravillosa sensación de estar por encima de esas actividades. No importa en qué nos ocupemos, ya no será lo mismo que una vez fue, sino que tendrá una calidad totalmente nueva.

Al darnos cuenta de este estado de ánimo de la conciencia cristalina, alcanzamos de manera natural una serenidad inquebrantable. Por lo tanto, todas nuestras acciones se llevan a cabo directa e inmediatamente, con el instinto, por lo que permanecemos sin involucrarnos y conformes a nuestra naturaleza en todo lo que hacemos, donde quiera que estemos.

Así, es muy importante que logremos esta conciencia vacía y clara de la mente, de manera que seamos intensamente conscientes en todo momento, y realmente nos sumerjamos en la vida, es decir, en el Ser. Ya que Zen significa: "sumergirse en la realidad del Ser". Sin embargo, sumergiéndonos en el aquí y ahora de la vida no implica tener más cantidad, creyendo que debemos experimentar tanto como sea posible. Más bien, en términos de Zen significa: "estar abierto a la totalidad del Ser que todo lo abarca". En palabras del Maestro Zen Nansen: "sé tan extenso y abierto como el cielo y encontrarás en Tao". Esto quiere decir: nos encontramos en la plenitud del Ser Divino. En este sentido "no intencionalidad" es aquí un término fundamental, esencial para el conjunto de la práctica

Zen. Se corresponde con la acción no identificable que está libre de todo apego inducido por el ego. Es esa actitud de la mente que, como principio básico de las enseñanzas chinas sobre el taoísmo, se expresa por la palabra „Wu-wei". Wu-wei significa "no-acción". En términos de Zen y Taoísmo, esta no-acción nunca es la inactividad pasiva en la que uno se sienta y no hace nada. En cambio, el verdadero Wu-wei implica que estemos al unísono en armonía con la totalidad que todo lo abarca del Ser. Por lo tanto, nuestras acciones se vuelven actuaciones plácidas "sin un actor", para que podamos actuar sin tener la sensación de ser el que actúa.

# Una victoria sin espada

Debemos entender Wu-wei como un estado de ánimo, cuyo efecto es de la más alta calidad, y desde el que cualquier acción es posible en cualquier momento. La siguiente historia es un muy buen ejemplo de este estado de ánimo, conformado por el Taoísmo:

El reconocido Maestro japonés de espada Bokuden, del el siglo decimoquinto, fue retado una vez a una pelea por un samurai medio borracho y de mal genio, durante un viaje en barco. El viejo Maestro replicó que su dominio en la lucha con la espada ya no consistía en obtener la victoria sobre otros con la espada, sino de vencer "sin" sacar la espada. Sin embargo, el samurai medio borracho insistió tercamente en su desafío. Gritó a Bokuden con rabia que no debería decir tantas tonterías, y en lugar de eso sacar su espada y luchar con él.

Bokuden reconoció que el samurai rabioso no podía ser disuadido de su intención y por ello objetó que si realmente debía darse el duelo, debería tener lugar en una pequeña isla cercana, para no poner en peligro a los otros pasajeros.

Después de un tiempo, el samurai aceptó de mala gana y esperó con impaciencia el gran momento del duelo. Cuando el barco llegó a la isla, el samurai dio con mal genio un enorme salto hacia la tierra y con un gran grito de guerra desenvainó la espada. En el mismo momento, sin embargo, Bokuden tomó el timón de la mano del barquero con la velocidad del rayo y empujó el barco de vuelta hacia el lago. "¡Eso es lo que se llama victoria ,sin una espada'!" Gritó al samurái aturdido que había dejado atrás.

En este caso, la actitud taoísta de la mente del Wu-wei llega maravillosamente con el sentido de la no-acción, en este caso como el no-combate. Hubiera sido muy fácil para Bokuden aprovechar su superioridad combativa en esgrima contra el samurai. Sin embargo, el viejo Maestro de espada Bokuden se mantiene sobre el samurai combativo de una manera maravillosa, sin ni siquiera tener que sacar la espada. El viejo Maestro taoísta Lao-tse, el progenitor del taoísmo del sexto siglo aC llama a esto:

Avanzar hacia adelante sin moverse, defender sin levantar los brazos, empujar sin atacar,
conquistar sin tomar las armas.
Es por eso que:

Dondequiera que haya una llamada a las armas, el que se retira siempre vence.

El que se retira gana dejando que el ataque su rival pase junto a él, para que se desvanezca en la nada y el propio atacante sea derrocado. Por lo tanto, en cada situación en la que es necesaria una acción, nos alejamos durante la acción de tal manera que la fuerza universal del Tao actúe a través de nosotros, así que "Hacer la no-acción, es hacerlo todo con prudencia", dice Lao-Tse.

Esto significa que: cuando actuamos y permanecemos en la no-acción emprendemos una "acción correcta al unísono con el flujo universal del Tao".

# 3

# La omnipresencia del Tao

# Zen en el medio del mundo

Si deseamos estar al unísono con la totalidad del Ser, no podemos excluirnos a nosotros mismos de la totalidad. Para el Tao, la realidad del Ser Divino es omnipresente y, contrariamente a la creencia de muchos esotéricos "pseudo-taoístas" de nuestro tiempo, no solo se manifiesta en un hermoso campo, donde un arroyo fluye desde una montaña romántica.

¡No! Justo en el medio de un ruidoso parque de atracciones o en la bella naturaleza, en todas partes, donde quiera que estemos, allí mismo se manifiesta el Tao. En un cruce de la autopista principal durante la hora punta, cuando miles de coches aceleran adelantándonos con muchísimo ruido, el Tao está presente allí mismo. Por supuesto, también se encuentra en un bosque y en los contextos tranquilos.

En todas las formas de la vida diaria nos encontramos con el Tao subyacente y, por lo tanto, omnipresente. Solo tenemos que sumergirnos en él. No tenemos que buscar momentos o lugares de quietud especiales. Por esta razón, el Maestro Zen chino Hung-Chih dijo en el duodécimo siglo:

Cuando comprendes la vacuidad de todas las cosas y has alcanzado este vacío, eres independiente de todos los estados de conciencia y completamente libre en cada situación. La luz original es ubicua y tú estás en clara y brillante concordancia con todo, dondequiera que te encuentres. Es esencial estar abierto hacia lo interior, siendo adaptable, y hacia el exterior para hacer frente a las cosas sin prisas. Sé como un espejo, que refleja imágenes y te elevarás por encima de todo la agitación.

En todas las situaciones de la vida se nos revela la realidad del Ser Divino. No debemos buscarlo en ningún lugar. En las palabras del Maestro Zen chino Ying-an del duodécimo siglo:

Si deseas ver la realidad oculta, es muy fácil. Está constantemente presente. Manténte con conciencia de la mente en lo que estés haciendo, ya sea comer, caminar o hablar, y así en cualquiera de las exigencias que la vida en el mundo te imponga.

# En la plenitud del Ser Divino

El Zen es un asunto extremadamente práctico y en absoluto para soñadores esotéricos desconectados del mundo. Deja de lado todas las menudencias y especulaciones sobre la verdad inexpresable para apuntar directamente a la esencia. Por esta razón, el Maestro Zen Ta-hui del duodécimo siglo nos da este buen consejo:

> Simplemente libera tu mente. No estés demasiado tenso ni demasiado relajado, esto te ahorrará una cantidad infinita de energía espiritual. Solo toma cada situación como venga y estarás en concordancia con todo, sin ningún esfuerzo adicional.

Ya estamos "en medio", en la plenitud del Ser Divino que impregna el universo entero. Siempre está ahí, y lo podemos experimentar cuando nuestra conciencia está completamente presente en el Aquí y Ahora. Así nos encontramos en la totalidad que todo lo abarca del Ser.

Sin embargo, cuando no estamos presentes, y nuestros pensamientos van de aquí a allá, velamos el esplendor radiante de la Mente con la ilusión de la multiplicidad. Esta multiplicidad significa: conciencia dualista espacio-temporal; una miríada de pensamientos, ideas y conceptos, que conllevan mucha discriminación y muchos problemas.

Por lo tanto, cuando surgen pensamientos y se convierten en autónomos, surgen todas las nociones y los sentimientos asociados con ellos. Y cuando surgen sentimientos, se pierde la capacidad para la percepción y la acción clara e incondicional.

Es así que, cuando nos damos cuenta de la naturaleza engañosa de todos estos procesos y volvemos a la conciencia de la mente no intencional, todo esa duplicidad que hemos causado desaparece. En ese instante, la radiante Mente Única, que está presente en todo momento tras esta aparente multiplicidad como nuestro Verdadero Ser, se revela en toda su magnificencia.

# 4

# El camino
# y la meta son
# uno

# El Tao se encuentra bajo las plantas de tus pies

Una de las figuras más importantes en la historia del Zen fue el Maestro Zen chino Joshu, que vivió en el noveno siglo y llegó a vivir hasta la muy venerable edad de 119 años. Se dice que sus palabras tenían tal poder que, como una espada afilada, al instante podrían cortar a través del entrelazamiento del pensamiento discriminador y conceptual de sus discípulos. Uno de los ejemplos más conocidos es el siguiente:

Durante el desayuno comunal en el monasterio, un monje se acercó al Maestro Zen Joshu y le dijo: "Soy nuevo aquí, en el monasterio, y me gustaría pedirle que me instruya". Joshu le preguntó: "¿Has desayunado?". El monje respondió: "Sí, señor." Y Joshu dijo: "Bien, ahora ve y lava tu plato".

El monje tenía el deseo honesto de experimentar la verdad del Zen y por eso, después del desayuno comunal en el monasterio, fue a Joshu y le pidió ser instruido. Pero Joshu solamente respondió con: "Ve y lava tu plato". Con esta inusual respuesta, el viejo Maestro da en el clavo de la situación actual. La compasión amorosa de un gran buda irradia de sus palabras. El monje zen sigue, en efecto, las instrucciones del Maestro, pero siendo poco perspicaz, no entiende lo que realmente quiere decir Joshu. Por eso, en el lenguaje del Zen se dice: "Está sentado a lomos del caballo más hermoso y no sabe cómo cabalgarlo".

El monje desea comprender el camino del Zen para alcanzar la Iluminación. Sin embargo, el Zen dice: "El camino y la meta son uno". El camino y la meta no son dos cosas separadas una de la otra. Por lo tanto, está totalmente errado cuando se piensa que uno puede seguir el camino con la esperanza y la expectativa de alcanzar una meta. Por eso el Zen dice: "Si buscas el Tao, mira debajo de las plantas de tus pies".

## El secreto del Zen

Seguir el Camino del Zen es sumergirse uno mismo por completo en la realidad del Aquí y Ahora. Porque, ya que la realidad es la totalidad que todo lo abarca del ser, incluye las tres nociones del tiempo, pasado, presente y fu-

turo, en un único "¡ahora!". Ahora, aquí, todo se reúne en un solo punto. Porque ahora, en este instante, más allá de todo pensamiento especulativo, se revela todo el misterio del Zen.

Por esta razón el Maestro Zen Joshu dice: "Ve y lava tu plato". En otras palabras, deja de estar de pie inútilmente, y no balbucees estúpidamente, sino haz lo que requiera la situación actual. Haz lo que sea necesario y no pierdas inútilmente el tiempo en problemas insolubles, filosóficos. Sumérgete directamente en el momento presente, para ser capaz de experimentar lo que es la verdad del Zen. Esta inmersión debe hacerse consecuentemente, de tal manera que dejemos todo atrás, sea lo que sea. Todo comportamiento y patrones de pensamiento, simplemente todo. Esto es mucho mejor que construir una discusión sin sentido basada en conceptos falsos. Por lo tanto, no tiene ningún sentido practicar acrobacias cerebrales especulativas y acumular basura intelectual.

Porque todo pensamiento especulativo o filosófico tiene solo un valor relativo y, en última instancia, debe ser sobrepasado. Ya leamos los escritos de la filosofía budista, los escritos Advaita-Vedanta o las sutras budistas, todos ellos son solamente "dedos apuntando a la luna, pero no la luna en sí", como se dice en el Zen. Sin embargo, si estás determinado a sumergirte plenamente la verdad, entonces tienes que dejar todo esto muy detrás. El Maestro Zen Lin-chi (noveno siglo) nos deja aquí un consejo bien intencionado:

Os aferráis a los refranes y nomenclaturas, y estos son un obstáculo para vosotros y os ocultarán la percepción de la verdad. Dejad que el pensar y el buscar se tranquilicen. Prestad de nuevo atención a aquello que se os manifieste. Confiad en aquello que ahora os suceda, y no tendréis nada más que buscar.

# 5

# "Aquí y ahora"
# es la Eternidad

# Huída del presente

Un día, un monje Zen se llegó al Maestro Zen Joshu y le preguntó: "¿Qué Zense trajo de la India a China el primer patriarca Bodhidharma?" Joshu respondió: "¿Qué sentido tiene hablar de la búsqueda de una vieja historia? ¿Qué es, "en este momento", tu Zen?

En este instante, aquí, donde estás, toda la verdad del Zen se revela. No la podemos encontrar ni en el pasado ni en el futuro. Aquí y Ahora es la eternidad en sí, y la experiencia del tiempo no es más que el resultado del pensamiento, es la ilusión y, por tanto, inexistente.

Los antiguos sabios de la India utilizaban la misma palabra para el concepto de "tiempo" y "muerte". En sánscrito se dice "Kahla". Estos videntes iluminados habían reconocido que el tiempo y la muerte son lo mismo. Es por eso que, si vivimos en un estado de indiferente ignorancia en la ilusión del espacio y el tiempo, estamos "espiritualmente muertos". Porque la ilusión del tiempo pertenece a la muerte. Sin embargo el "Ahora" absoluto es la vida, es la eternidad.

En general, estamos convencidos de que el tiempo discurre en línea recta desde el pasado hasta el presente y hacia el futuro. En esta línea recta del tiempo vivimos nuestras vidas y la dividimos en antes y después. Pero el pasado ya ha sucedido, el presente es inmaterial, y el futuro todavía no existe. El pasado y el futuro no son nada más que pensamientos que aparecen en la mente en el momento presente. Por lo tanto, la experiencia del tiempo no es más que pensamiento. Sin embargo, el Zen dice: "Todo pensamiento es creencia errónea. Solo ‚Ahora' existe, y nada más". El Maestro Zen Huang-po lo expresa de la siguiente manera:

> Tan pronto como los pensamientos surgen, sucumbes al dualismo. La eternidad y el momento presente son una y la misma cosa. No hay un antes y no existe el después. Discriminas entre estos dos solo debido a tu ignorancia. Sin embargo, si quieres entender realmente, cómo puede aún haber discriminación, la comprensión de esta verdad se llama "el entendimiento insuperable, perfecto".

Detrás de todo pensamiento, más allá de la ilusión del espacio y el tiempo, se revela nuestro Ser Verdadero y original, antes incluso de nuestro nacimiento. Sin embargo, solo podemos experimentar esta realidad de nuestro Ser Verdadero si nos sumergimos por completo en el "Aquí y Ahora". Esto significa: estar presentes, con una Autoconciencia de la mente clara. Ser consumidos completamente por el momento. Este es "el camino directo del Zen a la liberación", ¡el camino Zen de captar al instante la realidad tal y como es!

## El estado natural de la mente

No te obsesiones, sino sé completamente natural y espontáneo frente a todas las exigencias de la vida diaria. Sin embargo, en cuanto uno piensa "estoy totalmente relaja-

do en el Aquí y Ahora", ya se siente atraído y atrapado de nuevo en el pensamiento, por lo que pierde su naturalidad. Por esto es importante dejar que la mente se mantenga en su estado natural, puesto que la mente natural es la que irradia Dharmakaya, la realidad más elevada.

No debemos cometer el error de aferrarnos a la quietud, de tal modo que encontramos todos los sonidos externos perturbadores. Cuando escuchamos un sonido, nos convertimos completamente en uno con el sonido. Conviértete en el sonido de un avión que vuela sobre ti, conviértete en los ladridos de un perro y el canto de un pájaro. Sea lo que sea, todo es uno. Quien percibe, el proceso de la percepción, y lo percibido son una sola realidad.

Todo lo que percibimos son solo las olas de nuestra propia mente y, en consecuencia, la mente misma. Nada viene de más allá de la mente. Es creencia popular que nuestra mente asimila las impresiones y experiencias externas, ¡pero esto es un gran error! La verdad es que la mente lo abarca todo. Todo conforma el espectáculo engañoso de la mente. Si crees que percibes algo externo, solo significa que eso aparece en tu conciencia. En un antiguo texto del Maestro tibetano Mahamudra Orgjenpa, del siglo decimotercero, se dice:

No hay fenómenos externos que no sean mente. Tus ideas delusorias habituales en realidad no existen. Todo es completamente igual en la mente. La verdadera naturaleza está en sí misma vacía y nonata como los cielos sin límites.

Los fenómenos son como imágenes en un espejo. Si las consideras verdad, te dejas engañar por las apariencias de la mente. El mundo ilusorio es el juego de la mente: si te aferras a él te engañarás con los fenómenos de la mente. Todo es simplemente un ilusorio espectáculo mágico.

# 6

# Auto-
conocimiento
cristalino

# La ilusión de la multiplicidad

La verdadera naturaleza de la mente es pura, irradiando Autoconciencia. En la práctica Zen esto significa esencialmente la consecución de una Autoconciencia no intencional de la mente sin interrupciones.

Una actitud independiente y relajada de la mente es y continúa siendo un requisito fundamental para alcanzar la Autoconciencia de la mente. Sin embargo, no podemos hacer esto "a voluntad". En lugar de ello solo tenemos que "permitir" la presencia de la Autoconciencia de la mente, como nuestro estado natural y original.

En esta toma de conciencia sin esfuerzo, la verdadera naturaleza de nuestra mente no-nata, y por lo tanto imperecedera, se manifiesta en el proceso en desarrollo de nuestra maduración espiritual. Esta es "la realidad del así-siendo, que se encuentra más allá del nacimiento y la muerte". Allí donde la realidad eterna se revela, no hay antes y no existe el después. De acuerdo con las enseñanzas budistas, esto significa: en nuestro Verdadero Ser, más allá de nuestra ilusión de una personalidad, somos todos nonatos e imperecederos.

Por lo tanto, se trata de una suposición errónea de la

mente condicionada y dualista creer que nacimos y que un día moriremos. Del mismo modo, es un gran error creer que haya una multitud de diferentes seres y cosas. Todas estas reflexiones simplemente aparecen en la mente. Porque todo es solo un sueño, un espectáculo ilusorio de la mente, y está desprovisto de toda realidad. Por esta razón el Maestro Zen chino Han-shan dice en el siglo decimoséptimo:

No existe nada más allá de la mente. Por lo tanto, el verdadero estudiante Zen debe ver todos los fenómenos como las nubes que pasan por el cielo, transitorios e irreales como en un sueño. No solo el mundo exterior, sino también todos los pensamientos habituales, todas las pasiones y los deseos de nuestra mente son igualmente insustanciales e irreales. Primordialmente, no existe ni el cuerpo, ni la mente, ni el mundo, al igual que no hay ideas falsas o pensamientos determinados emocionalmente. Todo ello son solo reflexiones que aparecen en la mente verdadera.

# Ver a través de los engaños

La razón por la que nos aferramos a los fenómenos es la fuerza del habitual engaño dualista. Esto provoca una multitud de identificaciones y juicios, a través del cual estamos atrapados en el ciclo de la existencia condicionada. Cuanto más una persona está prisionera de la ilusión de la multiplicidad, más se siente a sí misma estar separada de todo. Y cuanto más se siente separada en su perspectiva discriminante entre sujeto y objeto, más se siente desconcertada y amenazada.

Por lo tanto surge la tendencia en ella de defenderse, escudarse y protegerse a sí misma. Esto puede escalar hasta

la agresividad extrema. Sin embargo, el verdadero problema aquí radica únicamente en el hecho de que la persona ve las cosas de una manera completamente equivocada. Tiene una imagen mental falsa que proyecta sobre todo y, como resultado de su ceguera espiritual, esto lleva a aferrarse y rechazo.

Por lo tanto, en la práctica Zen es de fundamental importancia que dentro de este sueño de un mundo externo de los fenómenos en el espacio y el tiempo logremos mantener la conciencia clara y cristalina de la mente de modo que cada vez vemos en mayor grado a través de todos los engaños habituales. Sin embargo, solo podemos hacer esto cuando permanecemos en calma y serena reflexión de la mente en todo lo que hacemos.

Aquí, "calma y serena" se refiere a la tranquilidad del no-pensamiento, lograda a través de la liberación del pensamiento compulsivo autónomo. "Reflexión" se refiere a la lúcida conciencia de uno mismo que todo lo refleja como un espejo reluciente. Calma y serena reflexión de la mente significa, de este modo, una "brillantemente radiante Autoconciencia no intencional, en la tranquilidad del no-pensamiento". Aquel que alcance esta conciencia sin esfuerzo de la Auto-Mente, que se encuentra en la base de todo, ya no se enreda en la maraña amenazante de sus propias proyecciones. Se libera a sí mismo de las cadenas del pensamiento conceptual discriminante y la ilusión de la multiplicidad. Ya no experimenta el mundo con la perspectiva limitada de una rana, desde la que no se puede más que el siguiente manojo de hierba, sin saber qué hay más allá. En lugar de eso, se eleva muy por encima, como el águila que desde lo alto todo lo ve simultáneamente.

Este es el enfoque "multidimensional" que lo abarca todo. Es la visión clara y perfecta de la no discriminación del Zen.

# 7

# La meditación del corazón de todos los budas

# La Auto-Mente es Buda

Aunque las nubes oscurecen la luna, la luna está siempre ahí, al igual que la luz que irradia la Auto- Mente, que está siempre presente, aunque se oculte detrás de las oscuras nubes de la forma de pensar discriminatoria o conceptual. De ello trata la siguiente historia:

> El Maestro Zen chino Yun-chu (del noveno siglo) le dijo a un monje: "La Auto-Mente es Buda". El monje respondió: "Lo siento, pero no puedo entender lo que dice. Me podría ayudar a comprender?" El Maestro respondió: "Para ayudarte, lo llamaremos Buda. Dirige tu conciencia hacia el interior y ve tú mismo qué es esta Auto-Mente".

El camino para experimentar esta Auto-Mente como nuestro Verdadero Ser original es entrenarnos en la constante e ininterrumpida Autoconciencia de la mente, en todas partes y en todo momento, en todo lo que hacemos. Esto también se muestra en "El Precioso Ornamento de la Liberación", un antiguo texto budista del duodécimo siglo:

Acostúmbrate a contemplar constantemente la mente. Cuando seas capaz de contemplar tu mente en conciencia no intencional, de modo que objeto y mente no estén separados el uno del otro, experimentarás la conciencia original no dualista.

Durante la meditación Zen, el zazen, practicamos dejando que la mente permanezca en la conciencia no intencional. Esto sucede sin esfuerzo, ya que la verdadera meditación Zen no es una cuestión de hacer, sino más bien de "conciencia pura". Sin embargo, cuando nos damos cuenta de que, durante la meditación, nuestra mente, en lugar de estar en

recogimiento, no está concentrada y dispersa, es un gran error que nos enfademos por nuestros pensamientos. No debemos permitir que surja ningún "rechazo" de nuestros pensamientos.

Una actitud de rechazo a pensar solo nos cansa. Por lo tanto nunca hay que tratar de suprimir la fuerza de pensamiento. Cuando surgen las ondas de pensamiento durante la meditación, no debemos prestarles atención. Dejemos que los pensamientos floten simplemente como nubes pasajeras, sin prestarles ninguna atención. No empecemos a analizar de dónde vienen y hacia dónde van, y no tratemos de suprimir el pensamiento.

Puesto que nuestra mente discriminatoria activa los pensamientos con su tendencia a aferrarse y suprimir, y solo se solidifica cuando les hacemos caso. De esta manera, se crean a continuación las cadenas de pensamiento, que se convierten en autónomos y atrapan nuestra atención.

Por lo tanto, no formemos ninguna referencia a ellos, seamos solo testigos, observadores imparciales tras toda experiencia, y nada más. Cuando solo se perciben los pensamientos, sin establecer ninguna referencia a ellos bajo la forma de captación o rechazo, no se forman las cadenas de pensamiento. Los pensamientos se disuelven por su propia voluntad en la radiante y clara Autoconciencia de la mente. Por eso, el Maestro Zen chino Hui-Hai dijo en el noveno siglo:

> Cuando tu mente se mueve, no la sigas y se separará ella sola del movimiento. Y cuando tu mente se detenga sobre algo, no la sigas y se separará ella sola de aquello en lo que se apoya.

# La respiración Zen

La conciencia de la mente durante la meditación Zen depende esencialmente de mantener la respiración correcta. Para el cuerpo, la respiración y la mente forman una unidad inseparable. Cuando la respiración es plana y carece de estabilidad, la mente es igual de inestable y, por lo tanto, inquieta. Sin embargo, cuando tu respiración es tranquila, la mente también estará tranquila y clara. La respiración del Zen es la profunda, respiración tranquila en la que el foco se encuentra en la parte inferior del abdomen. En esta región, conocida en Zen como "Hara", experimentamos una sensación de estabilidad y sentimos la energía acumulada durante Zazen. Sin embargo, en su intento de sentir su Hara, muchas personas cometen un error y ejercen presión contra el abdomen inferior. Pero esto es totalmente erróneo y solo dará lugar a tensiones mentales y físicas.

El requisito previo para la respiración acompasada al unísono con el cuerpo es que observamos nuestra respiración; la respiración y la mente, concentrándose conscientemente. La esencia de la respiración Zen es alcanzar un estado en nuestra práctica continua en la que se nos olvide que debemos ser conscientes de la respiración.

## Conciencia cristalina

La esencia fundamental de la práctica de la meditación Zen es la actitud mental correcta. Este es un estado de atención, combinado con falta de esfuerzo y no intencionalidad. Esto significa que cada intención que tenemos durante la meditación crea tensión mental. No tenemos que hacer nada más que dejar la mente, ya que eso es lo natural. Por lo tanto, durante la meditación, no te aferres, relájate y, al mismo tiempo, estate absolutamente consciente y atento. Sin embargo, esta conciencia atenta de la mente, que no requiere de pensamientos, no significa que controles tu mente, ya que eso significaría controlar, lo que es contrario a toda práctica budista. Si pensamos, "tengo que aferrarme a la conciencia espiritual, no debo desviarme de ella de ninguna manera y dejar que los pensamientos surjan", entonces esto solo nos llevará a un aumento de la actividad mental. El resultado inevitable es un estado de tensión mental y física, ya que la tensión es deseo suprimido y el deseo suprimido siempre causa tensión.

En lugar de eso, la conciencia de la mente significa que permanecemos con nosotros mismos en una actitud independiente, relajados, y que observamos en serena y alegre placidez nuestra propia mente. Cuando dejamos que todos los pensamientos que surgen vayan y vengan, sin intervenir en modo alguno, se disuelven por su propia voluntad, ya que son inherentemente vacíos y, por lo tanto, "irreales". Este estado de ánimo no artificial, que ni bloquea ni fabrica, es la original, iluminada Conciencia del Corazón de todos los budas. El Maestro Zen Lin-chuan dice:

Solo la mente clara y sin intenciones se percibe a sí misma.

Mediante la observación imparcial podemos ver cómo la mente proyecta, y cómo las ondas de pensamientos emergen sobre la superficie de la mente y desaparecen una vez más. Sin embargo, cuando salimos de nuestra conciencia, en primer lugar hay solo pequeñas olas, pero estas se hacen más grandes y más grandes, hasta que finalmente, estamos completamente sumergidos en ellas. Aquí, es útil saber que la mente puede recuperar su claridad tan pronto como tiene conocimiento de que ha perdido la atención.

# Ver a través del sueño

La Autoconciencia lúcida, sin esfuerzo y vacía de la Mente-Única auto-radiante es nuestra verdadera naturaleza. Y esto es lo que hay que experimentar de forma continua; es decir, no solo sobre el cojín de meditación, sino también en "medio" del mundo, en todas partes y en todo momento. Incluso cuando estamos en la cama por la noche debemos dejarnos claro a nosotros mismos antes de ir a dormir que todo lo que experimentamos en nuestros sueños son solo imágenes, todo está vacío, todo es simplemente una proyección. De esta manera, se puede incluso utilizar el fenómeno de los sueños para la práctica espiritual mediante la disolución de los sueños en el vacío de la transformación tántrica.

Esta práctica tántrica de yoga de los sueños conduce a una conciencia más elevada y una comprensión más profunda de la vacuidad y, en consecuencia, del carácter engañoso de todos los fenómenos. De esta manera, con el tiempo se puede lograr la conciencia continua, que se mantiene tanto en el estado de vigilia como durante el sueño. Así, quien es capaz de mantener constantemente la conciencia espiritual lúcida en la base de todo, en todas partes y en todas las situaciones, está verdaderamente en el camino de la Liberación. Esto implica que al final de su vida mundana de espacio y tiempo, en el proceso de morir, él tendrá conciencia de la mente. El momento de la muerte será entonces para él una gran oportunidad de experimentar la Iluminación. Será capaz de ver a través de la naturaleza engañosa de todos los fenómenos, y elevarse por encima de las oscuras nieblas de las apariencias a la clara luz de la realidad.

# 8

# Conciencia
# del momento

# Preservar el centro

La propia mente y la extensión ilimitada de la Mente Única son una y la misma realidad, al igual que una ola y el océano. Sin embargo, con el fin de experimentar esta totalidad que todo lo abarca, es absolutamente necesario lograr una actitud mental que ya no se encuentre atrapada en el pensamiento discriminador, conceptual, y mantenerse en la conciencia de la mente. Cuando nos esforzamos por observar nuestra mente encontramos, sin embargo, que nunca estamos realmente en el momento presente. Es así que nuestra conciencia tiene la tendencia habitual

de producir constantemente pensamientos y ocuparse con el pasado y el futuro. En el proceso, el momento presente se percibe solo fugazmente. Por esta razón, rara vez dedicamos toda nuestra concentración a lo que estamos actualmente haciendo.

Pensar en uno mismo no es ni positivo ni negativo, los pensamientos vienen y los pensamientos se van, sin tener realidad propia. Sin embargo, cuando perdemos la conciencia espiritual y nuestros pensamientos se convierten en autónomos, estamos bajo la ilusión del pasado y el futuro, y nos salimos de nuestro centro. Es entonces cuando es de fundamental importancia que detengamos nuestra mente en constante elaboración y centremos totalmente nuestra atención en el "ahora". Seamos completamente conscientes del momento presente y por lo tanto en la conciencia de la mente.

Esta es la única forma en que podemos alcanzar un estado de conciencia cristalina y continua de nosotros mismos en todo lo que hacemos.

# Actividad sin compromisos

A través de la práctica del Zen holístico conseguimos la capacidad de adaptarnos a todas las situaciones de forma espontánea con todo nuestro ser, y tratar con ellas en consonancia, sin perder la tranquilidad de nuestra conciencia en el proceso. Porque la tranquilidad y la acción no se excluyen mutuamente. Al contrario, se complementan entre sí y, como tal, deben experimentarse como una unidad. Por eso, el Maestro Zen chino Hung-ying-ming dijo en el decimosexto siglo:

> La quietud en la quietud no es quietud real. Solo cuando hay acción en la quietud y quietud en la acción puede aparecer el ritmo espiritual que impregna el cielo y la tierra.

Por lo tanto recuerda siempre esto: la participación activa en el mundo y la atención en silencio no se obstruyen la una a la otra y no son opuestos incompatibles. Solo cuando discriminamos entre la vida mundana y la espiritual las dividimos en dos. Hay tantas personas que en su actitud dualista limitada creen en verdad que llevar una vida espiritual significa renunciar a todo, retirándose del "mundo malvado" con sus tentaciones y distracciones.

Sin embargo, un verdadero estudiante del Zen vive completamente sin ataduras en el mundo y no se ve obstaculizado por nada. En medio de las exigencias de la vida moderna sigue estando interiormente libre y siendo independiente de todo. Puesto que su mente funciona sin discriminación, es libre de tomar y rechazar, y no se aferra a nada. Hace lo que debe hacer y sin embargo no se aferra a sus acciones. Por eso es capaz de penetrar a través de la esencia en medio de todas las situaciones mundanas. Porque está interiormente separado de todo, no hay necesidad de que huya del mundo como lo hacen los que no lo saben hacer mejor. En las palabras del Maestro Zen Huang-po:

> El ignorante evita el mundo exterior,
> pero no evita las ideas sobre el mundo.
> El sabio no evita el mundo exterior,
> pero se abstiene de los pensamientos sobre el mundo.

El sabio vive de la totalidad del Ser que todo lo abarca y reconoce que es uno con todas las cosas por su experiencia consustancial. Esto se refleja en su corazón abierto y su amor compasivo por todos los seres. Vive en el medio del cambiante mundo, viene, va y actúa según lo requiere la situación actual, y lo hace completamente libre y sin restricciones.

# 9

# La Totalidad incluyente del Ser

# Sabiduría para no discriminar

El verdadero hombre del Zen vive en total libertad. En todas partes, dondequiera que se experimenta la gloria del Ser Divino. En las palabras del Maestro Zen Yuan-wu del duodécimo siglo:

> Cuando logras la libertad de Zen, nada te ata, y te desarrollas a fondo en la unidad. Entonces, para ti, no hay ninguna cosa en el mundo más allá de la verdad budista y no hay ninguna verdad budista más allá de las cosas del mundo.

A menudo se escucha decir a los defensores de la escena esotérica que Nirvana y Samsara, en otras palabras, la verdad más elevada y el mundo del nacimiento y la muerte, se deben combinar entre sí. Sin embargo, estas palabras son absolutos sinsentidos y no son compatibles con la verdad del Zen. Nirvana y Samsara no tienen por qué combinarse ya que no hay absolutamente nada de combinar, ya que son una y la misma realidad. Sería lo mismo que decir que el mar y las olas en su superficie se deben combinar. Esto no tendría sentido ya que el mar y las olas son uno, la unidad indivisible que todo lo abarca, en su conjunto armónico único.

Para entender esto se requiere lucidez espiritual, una visión clara, sin tacha, con la que vemos las cosas como son en realidad. Lo que nos obstaculiza en la percepción de nuestra naturaleza original no es otra cosa que la fuerza del habitual engaño dualista, es el pensamiento autónomo, discriminando con su aceptar y rechazar. Se trata de la discriminación entre lo hermoso y lo feo, bueno y malo, correcto e incorrecto.

Todo esto debe desaparecer, y luego veremos que el Paraíso Sukavati, el paraíso de la luz ilimitada, está presente en todo su esplendor, ya que siempre ha estado presente.

Entonces nos daremos cuenta de que Paraíso Sukavati no es una dimensión de otro mundo, sino "el estado original de la conciencia de nuestro Ser Verdadero". Entenderemos que lo que tenemos en cada momento es esta realidad del Ser Divino en su completa perfección, no existe nada más allá de él. Es omnipresente, silencioso y puro, y se manifiesta como una maravilla misteriosa, alegre y pacífica.

# Liberación

Venimos de la nada, y puesto que no existe ni el espacio ni el tiempo, tampoco hay ninguna parte a la que podamos ir. No hay nada que lograr, porque todo es una inclusión que todo lo abarca, que lo contiene todo dentro de ella.

Quien no reconoce esto comienza a especular y discriminar. A continuación se pone a lloriquear y quejarse, y dice: "Me siento como si no estuviera haciendo ningún progreso en el camino espiritual.

¿Qué podría ser la causa de esto?" La respuesta es tan simple como evidente: se debe a que está proyectando, y esas proyecciones entre él y la realidad absoluta se convierten en "plantillas" a través de las cuales ve el mundo.

Todo adquiere entonces exactamente esas distorsiones y formas que ve a través de sus plantillas auto-proyectadas. Por lo tanto, mira a través de sus plantillas en la infinita extensión del ser y solo ve sus propias formas limitadas, y luego piensa, completamente convencido: "así que esta es la verdad, esta es la realidad". Sin embargo, el Zen dice:

¡Despréndete de todo, sea lo que sea!

Solo así puedes alcanzar la liberación y escapar de tus limitaciones auto-impuestas. „Liberación" es la palabra principal en el budismo Zen. En el Zen, todo se reduce a la liberación espiritual interior. El Maestro Zen Huang-po chino dice al respecto:

> La mente está llena de claridad radiante, por eso saca de la oscuridad tus viejos conceptos, muertos. ¡Libérate de todo!

En verdad, tener el valor para liberarse de todo, sea lo que sea, es el camino hacia la Iluminación. Incluso el más pequeño obstáculo debe ser eliminado porque el más grande es igual al más pequeño, y el más pequeño es igual al más grande. Un koan de Mumonkan, una colección de sentencias Zen chinas del siglo decimotercero, más allá del alcance del pensamiento lógico, nos dice esto también de la siguiente manera:

> Una vaca pasa a través de una ventana. Su cabeza, sus cuernos, su estómago y sus cuatro patas están ya al otro lado. Pero, ¿cómo es posible que su cola no pueda pasar?

Para aclarar esto: la luz de la Mente Única resplandece solo cuando todo lo que está bloqueando la luz, por pequeño o bello o sagrado que sea, ha sido barrido fuera del camino. El Maestro Zen Lin Chi del noveno siglo lo expone de esta poderosa manera:

> Borra todos los obstáculos del camino.
> Si te encuentras con Buda, ¡entonces mata a Buda!
> solo así obtendrás la liberación,
> solo así podrás escapar de las cadenas y liberarte.

# 10

# Claridad
# sin nubes

# Despejando la mente

La práctica del Zen trata de aclarar la mente de modo que experimentamos su original claridad sin nubes. Entonces, ¿qué es este velo que oscurece la claridad radiante de la mente? Es el producto de todos nuestros profundamente arraigados hábitos de pensamiento y patrones de comportamiento. Es todas las memorias entrelazadas de nuestro pasado muerto, con el que generalmente nos identificamos.

Creemos que todo esto pertenece a nuestra personalidad, hasta el punto que estamos convencidos de ser la suma de estas experiencias y recuerdos. Y lo que es más, incluso proyectamos estos condicionamientos sobre todo lo que nos rodea. Creemos que "este es el mundo y esos son los otros", ya que somos de hecho incapaces de ver las cosas de manera diferente, debido a nuestra plantilla de perspectiva dualista.

Por desgracia, la mayoría de las personas se aferran fuertemente a esta perspectiva condicionada y solo actúan siguiendo su rutina sin sentido dentro de unos límites de creación propia. Como resultado, consideran imposible todo lo que va más allá de sus limitadas imaginaciones.

De esta manera, proyectan constantemente una acumulación de nubes oscuras de pensamiento discriminador y conceptual, que perjudica a la expansión ilimitada de la mente y, por lo tanto, oscurecen su propio Ser divino. El Maestro Zen Yuan-wu del duodécimo siglo, sobre este tema, dice:

> Cuando los iluminados Maestros Zen proporcionan enseñanzas para el camino espiritual, su
> única preocupación es aclarar la mente de modo que alcance su origen.

Pero ¿cómo podemos aclarar la mente con el fin de lograr la perspectiva correcta y la experiencia de nuestro Verdadero Ser? Las enseñanzas budistas dicen: "La mente se aclara cuando se penetra la naturaleza ilusoria de todos los fenómenos y nos liberamos de toda nuestra confusión al lograr la lucidez espiritual". Aquí es importante que nos demos cuenta de que todo lo que consideramos de tan infinita importancia y significado no tiene existencia real, sin Ser real en sí mismo.

# La pureza original de la mente

Por lo tanto los budistas caracterizan esta naturaleza ilusoria y onírica de todos los fenómenos como "vacía", Sunyata. En el Lankavatara Sutra, uno de los textos sagrados más importantes del budismo Mahayana del siglo quinto, leemos:

> Las percepciones parecen reales a la mente, agitada por sus tendencias habituales. Sin embargo, no existen realmente, ya que están vacías y son a su vez solo Mente. Es un error verlas como una realidad externa.

Por lo tanto, cuando los Maestros Zen adoctrinan, su única intención es siempre aclarar la mente del estudiante para que experimente la pureza de su Mente original. En el lenguaje del Zen, esta Mente pura y vacía es "nuestro verdadero rostro original, antes de nuestro nacimiento". Es como el sol, que luce brillante y claro en un cielo azul radiante, inmóvil e inmutable. En medio de todas nuestras actividades diarias, la mente lo ilumina todo y resplandece en todas las cosas. Esta realidad primitiva no-nata e imperecedera yace en la base de todo ser, está constantemente presente y es también la base de todas nuestras experiencias, incluso si no lo percibimos conscientemente. No es que a veces esté más y a veces menos presente. No, sigue invariablemente presente, es solo que nosotros no siempre estamos realmente presentes.

Si queremos dirigir hacia el interior nuestra energía espiritual, la misma que constantemente dispersamos y desperdiciamos inútilmente por cavilar sobre todo tipo de cosas todo el tiempo, podemos experimentar esta realidad como nuestro Verdadero Ser. Por ello, Huang-po dice:

> Si solo os pudierais liberar a vosotros mismos de vuestro pensamiento discriminador, lo podríais alcanzar todo.

Así que vamos a liberarnos de nuestras distracciones habituales y de la vista condicionada del pensamiento distintivo y conceptual. Sumerjámonos con todo nuestro ser, tu cuerpo, la respiración y la mente, en "Ahora, el momento presente".

# No perderse lo esencial

Deja de analizar por qué esto o aquello es así o no es así, o si fue así o no fue así. La locura de analizarlo todo se ilustra en la antigua parábola budista del agricultor y la casa en llamas:

> Un agricultor que regresa de su trabajo en el campo ve que su casa está en llamas. Todos los aldeanos se han apresurado a ayudar a apagar el fuego. Pero el agricultor grita, "Esperad, parad, no tan rápido. En primer lugar, me gustaría saber cómo se inició el fuego y si alguien prendió fuego a la casa. Si es así, ¿cómo era esa persona ¿Era hombre o mujer? ¿Era grande o pequeño? ¿Era su pelo negro o marrón? ¿Tenía una barba o no? ¿Era de edad o era joven? ¿Llegó a pie, o montaba un burro o un buey?" El agricultor sigue y sigue, y mientras tanto su casa se quema hasta los cimientos.

Si no estamos realmente presentes, sino que nuestra mente está dispersa aquí y allá, perdemos la esencia del momento presente. Si no vivimos conscientemente en el Aquí y Ahora, nunca vamos a alcanzar la experiencia de nuestro Verdadero Ser. Y así vamos a balancearnos hacia atrás y adelante durante muchas encarnaciones, de un renacimiento al siguiente, y nos ganaremos una penosa existencia en la "penumbra de Maya".

Sin embargo, esta penumbra de Maya no es otra cosa que proyecciones, que hizo nacer para causar nuestra ceguera espiritual, la cual se ha convertido en autónoma. Estas proyecciones son todos nuestros patrones de comportamiento automáticos, hipótesis, recuerdos y temores, todas nuestras preocupaciones pseudo-multitudinarias en este mundo aparente. Tomamos todo esto como si fuera la vida verdadera. Tomamos el espectáculo del nacimiento y la muerte en la etapa de la vida como si

fuera real y nos aferramos a él en el miedo. Sin embargo, el Zen nos llama:

Abandónalo todo; porque el alma está llena de claridad radiante. ¡Libérate de todo, sea lo que sea!

11

# El camino
# a la
# inmortalidad

# La alegría de la mente

La alegría natural, como la alegre y serena reflexión de la mente, es el estado original de nuestro Verdadero Ser. Por lo tanto, todas las nociones de la seriedad del camino espiritual condicionado no son, a los ojos de Zen, nada más que conceptos vacíos, y deben ser superados. Estos simplemente crean obstáculos que nos restringen, solo encadenan nuestra mente y, finalmente, deben ser eliminados si se quiere alcanzar esta alegre y serena reflexión de la mente. Por esta razón, el Maestro Mahamudra tibetano Buton dijo en el decimocuarto siglo:

> La serenidad silenciosa de la mente es un instrumento para conocer la verdad, y es así que,
> para llegar a esta conclusión, la mente confusa e inquieta deberá ser pura y alegre.

Cuando el tiempo es alegre y despejado, no hay nubarrones se ciernan en el cielo. Alegre significa luz y claridad. Luz y claridad son condiciones totalmente naturales, originales de nuestra mente sin nacimiento ni muerte. Sin embargo, solo cuando nos sumerjamos completamente en este estado natural, seremos capaces de experimentar el esplendor de nuestro Verdadero Ser. Pero no se puede lograr esto mediante la visualización de la vida cotidiana en el mundo como un obstáculo en el camino espiritual, y vivir así en un estado abotargado de los sentidos y de la mente. Quien pasa por el mundo como un cadáver viviente, negando la vida y viviendo en la ignorancia indiferente, luego no debe esperar la entrada a la gran vida eterna en el momento de su muerte. Eso sería un gran error.

De hecho, es realmente sorprendente que, de todas las personas, quienes no viven verdaderamente esta vida son los que más desean tener una vida eterna. El que ya está muerto aquí, en este mundo, también estará así en el mundo trascendente. No puede esperar una vida eterna y bienaventurada. Si queremos alcanzar la vida eterna, tenemos que vivir verdaderamente "ahora" y sumergirnos completamente en el "Ahora-Aquí" del Ser, en la vida real.

## Una vida significativa

Solo quien "realmente" viva esta vida se transformará en el momento de la muerte a la gran vida, a la inmortalidad. Y en respuesta a la vieja pregunta del hombre: "¿Hay vida después de la muerte, o no?", la respuesta correcta en el espíritu del Zen es: "¿Hay vida verdadera antes de la muerte?". Esa es la pregunta crucial.

Si deseamos experimentar la verdadera vida aquí, es absolutamente necesario tener confianza ilimitada en la realidad de nuestro Verdadero Ser. Esta confianza es una creencia firme en la pureza original de nuestra propia mente no-nata e imperecedera. De ella crece dentro de nosotros una gran fuerza que nos permite alcanzar cada vez mejor la conciencia ininterrumpida de la Mente. De esta manera llegamos a experimentar lo precioso de cada momento con todo nuestro ser, y vivir la conciencia cristalina, participando activamente en la vida como una sola realidad. Entonces, la vida real se nos revela y nuestra vida se convierte en una vida verdadera y llena de significado. En todas partes, donde quiera que sea, vamos a experimentar la realidad cada vez más omnipresente de nuestro Verdadero Ser. Es como en la mañana, temprano, cuando el sol se levanta en el horizonte: en un primer momento todavía está oscuro, pero luego, poco a poco, comienza a volverse todo más y más claro, hasta que el sol está en lo alto del cielo e ilumina todo el paisaje con su luz.

El Maestro Zen chino Yuan-wu, del duodécimo siglo, nos da una descripción muy llamativa de este maravilloso estado de conciencia:

> Tu existencia está libre de todo límite; has llegado a ser abierto, luminoso y transparente. Alcanzas una visión esclarecedora de la verdadera Naturaleza de todas las cosas que ahora se te aparecen como una masa de brillantes flores de cuentos de hadas sin ninguna realidad tangible.
>
> Aquí se revela tu verdadero yo, la cara original de tu verdadera naturaleza. Aquí es donde se encuentra el magnífico paisaje de tu auténtico hogar.

# Glosario

**Amitabha**, sánscrito, "Luz sin Límites". Japonés, "Amida". Uno de los budas más importantes en el budismo Mahayana. Es el buda del "paraíso occidental" Sukhavati, que no está ligado a un lugar determinado, sino que significa un estado de conciencia de luz sin límites, de amor y comprensión. De acuerdo con las enseñanzas del budismo Shin, cualquier persona de profunda fe que invoque el nombre de Amitabha (especialmente en la hora de la muerte), renacerá en el paraíso Sukhavati. En la "Escuela de la Tierra Pura", esta invocación se realiza así: Namu Amida Butsu, "adoración del buda Amitabha".

**Hara**, japonés, literalmente: "vientre, abdomen". Este común término → Zen significa el área situada aproximadamente tres dedos por debajo del ombligo como el centro de todo ser. Es el centro de todas las personas y, al mismo tiempo, el centro del universo. A través de la práctica de zazen y respiración correcta, se desarrolla una gran energía y poder en este centro. Hara, como centro de la energía, es en el Zen el punto de origen de toda actividad (como en el significado de "actuar desde las entrañas", pero en el Zen su significado es mucho más profundo).

**Karma**, sánscrito, literalmente: "Acción o hecho". La ley de causa y efecto por la cual todos los pensamientos y acciones tienen una consecuencia correspondiente. A través de ella se determina la calidad de nuestra propia vida e influenciamos la de los demás.

**Mushin**, japonés, (chino Wu Xin.): "No-Pensamiento, No-Conciencia, aislamiento de la mente". Un estado natural de la mente completamente sin objetivo, más allá de todo pensamiento.

Mushin y Munen (chino Wu-nien) juntos forman uno de los conceptos centrales de Zen. En el Zen, Mushin no significa ignorancia o estupor espiritual, sino más bien que la mente es tan sólida en sí misma que es no puede ser perturbada por circunstancias externas, no importa de qué se trate. Esto significa que la mente permanece en toda situación clara y libre, y no se demora en nada, ni siquiera en el pensamiento de un no-pensamiento.

**Samsara**, sánscrito, literalmente: "vagabundear". El ciclo de nacimiento y muerte. El objetivo de todos los budistas y los hinduistas es la liberación del samsara, y por lo tanto del sufrimiento. Es la liberación de la prisión en la rueda de nacimiento, envejecimiento, desesperación, enfermedad, dolor y muerte.

**Satori**, japonés, (chino Wu): término Zen para la experiencia de la Iluminación, o el Despertar. Satori es mucho más que una comprensión intuitiva del Ser auténtico, como en la experiencia de Kensho, ya que la persona que experimenta el satori se disuelve por completo en ella. En → Zen, Satori se describe como el renacimiento del Verdadero Ser una vez que el falso yo, el ilusorio ego- engaño ha muerto la "gran muerte".

**Shunyatá**, sánscrito, (japonés Ku), literalmente: "vacuo, el vacío". De acuerdo con las enseñanzas de Mahayana, nada posee una sustancia autónoma o duradera. Todas las cosas están vacías y, por lo tanto, sin naturaleza propia. La enseñanza Shunyata es una de las piedras angulares de la totalidad del budismo Mahayana y en consecuencia del → Zen. Es muy sutil y no se puede expresar en palabras. Aunque existe una extensa bibliografía que abarca este tema, solo puede ser entendida completamente por parte de aquellos que han experimentado la experiencia de la Iluminación (→ Satori).

**Taoísmo**: hay dos corrientes principales del taoísmo. La transmisión en filosófica, Tao-chia, y la corriente religiosa, Tao-Chiao. Tao-chia se remonta al Maestro taoísta Lao-tse y su libro, el Tao Te King. Aquí, actuar sin intención al unísono con el Tao es visto como el más alto ideal. Por otro lado, el objetivo del taoísmo religioso es la inmortalidad física. Se ha de lograr a través de ejercicios de respiración, ejercicios físicos y ciertas prácticas sexuales.

**Wu-Wei**, chino, literalmente: "no-acción" en el sentido de "acción sin intención". Sin embargo, este término taoísta no debe confundirse con no hacer nada de forma pasiva. Muy al contrario, designa la actitud de la mente de no-intervención en el curso natural de las cosas. En verdad, Wu-wei es un estado altamente eficaz de la mente, en el que cualquier acción es posible en cualquier momento. Al vivir la no-acción, el sabio taoísta está en sincronía con el Tao, cuyo poder universal se ejerce precisamente debido a esta falta de acción. El gran Maestro taoísta Lao-tse dice así en su → Tao Te King: El Tao es eternamente sin acción, pero nada queda sin hacer. Wu-Wei es, por lo tanto, una cuestión de no-acción creativa, una conducta sin acción que sobrepasa la actitud mental de la no-intervención y el coraje de dejar que las cosas sucedan. Wu-Wei trasciende ambos extremos, la inquieta actividad y la inactividad absoluta. Es una no-acción de lo insignificante, que al mismo tiempo permite que lo esencial surta efecto.

**Zen** japonés, una abreviatura de "Zenna", la manera japonesa de lectura de la "Channa" china (abraviado, Chan), que en sí es una transcripción de la palabra sánscrita "Dhyana". El budismo Zen se desarrolló en los siglos sexto y septimo en China, a partir de la combinación de transmisión del budismo Dhyana indio y del → taoismo chino y de Bodhidharma. Característico del Zen es su fuer-te énfasis sobre todo en la experiencia de la Iluminación (→ Satori). El desarrollo de la comprensión intuitiva a través de la meditación en lugar de a través de estudios intelectuales es también una parte integral del Zen.
Las características fundamentales del Zen fueron resumidas en la temprana dinastía Tang en cuatro breves proverbios en chino:

1. Transmisión más allá de las enseñanzas ortodoxas
2. Independencia de las sagradas escrituras
3. Directamente apuntando al Corazón-Mente
4. Atención a la propia naturaleza y logro de la Budeidad.

CENTRO ZEN
TAO 道禅 CHAN

**Centro Tao Chan e.V.**
**Organización sin ánimo de lucro**
**Adelheidstr. 37**
**D-65185 Wiesbaden, Alemania**
**Teléfono: +49 611- 940 62 31**

Correo electrónico: info@tao-chan.de
:Más información
www.tao-chan.org/es/
www.facebook.com/centrozentaochan/

El Centro Zen Tao Chan organiza una velada Zen dos veces al mes, con una charla del Maestro Zen Zensho W. Kopp, a la que puede asistir cualquier persona interesada. Habrá oportunidad de formular preguntas al Maestro Zen Zensho.

**:Inscripción para la velada Zen**
**con el Maestro Zen Zensho W. Kopp**
www.tao-chan.org/es/eventos/eventos-jornada-zen.html

**:Breves conferencias gratuitas del Maestro Zen**
**Zensho W. Kopp para suscribirse**
www.youtube.com/@centrozentaochan/featured

**:Suscríbase aquí a contenidos exclusivos y conferencias**
**completas de Zensho**
www.youtube.com/@centrozentaochan

# Otros libros de Zensho W. Kopp

también disponible eBook / Versión Kindle

La radiante claridad
de la mente
138 páginas, 9,80 €

Vida desde la
plenitud interior
116 páginas, 9,80 €

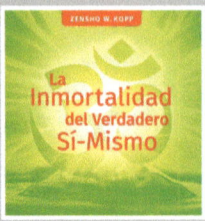

La Inmortalidad del
Verdadero Sí-Mismo
106 páginas, 10,90 €

El poder del
silencio interior
104 páginas, 9,80 €

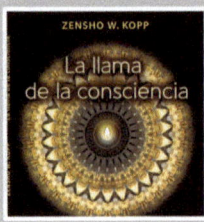

La llama de
la consciencia
126 páginas

El secreto del verdadero
autoconocimiento
126 páginas

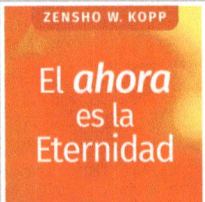

El ahora
es la Eternidad
114 páginas, 9,80 €

El ascenso de la
luz interior
114 páginas, 10,90 €

# Otros libros de Zensho W. Kopp

también disponible eBook / Versión Kindle

Las imágenes de los
bueyes del Zen
212 páginas, 9,95 €

La vida verdadera
mediante el ZEN
140 páginas, 10,99 €

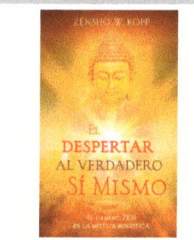

El despertar al
Verdadero Sí Mismo
140 páginas, 11,99 €

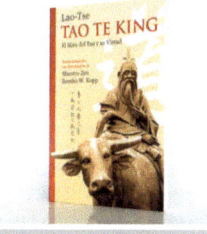

Lao-tse Tao Te King
El libro del Tao y su Virtud
120 páginas, 9,95 €

**Todas las publicaciones de Zensho pueden encontrarse y
adquirirse aquí:**
www.tao-chan.org/es/

# Otros libros de Zensho W. Kopp

también disponible eBook / Versión Kindle

El arte moderno Zen,
Pinturas y aforismos de un
Maestro zen occidental.
124 páginas, 16,50 €

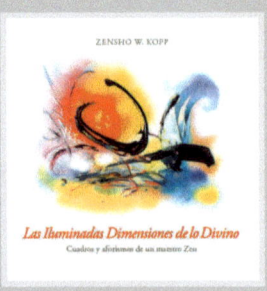

Las Iluminadas Dimensiones
de lo Divino, Cuadros y
aforismos de un maestro Zen.
140 páginas, 10,50 €

**Todas las publicaciones de Zensho pueden encontrarse y
adquirirse aquí:
www.tao-chan.org/es/**